Trafic Web Extrême Avec L'Achat De Clients Gratuits:
Comment Obtenir Du Trafic Internet Hyper Qualifié Instantanément Sur Votre Site Sans Rien Payer Si Vous Ne Vendez Pas.

TABLE DES MATIÈRES

INTRODUCTION.

Bienvenue dans cette formation qui va vous montrer comment vous pouvez obtenir du trafic Internet hyper qualifié sur votre site et dans votre marché de niche immédiatement, et sans dépenser le moindre centime si les visiteurs qui viennent sur votre site n'achètent rien.

Vous allez ainsi faire partie de la très petite minorité des marketeurs qui connaissent cette technique incroyable et révolutionnaire.

Elle fonctionne en effet totalement à l'inverse de la publicité.

Avec la publicité classique que vous trouvez par exemple sur Google Adwords ou sur Facebook, vous payez les plateformes publicitaires pour vous envoyer des visiteurs.

Cela dit, vous allez devoir payer même si ces visiteurs n'ont rien acheté sur votre site.

L'aspect révolutionnaire de cette technique de trafic web extrême réside dans le fait que vous n'allez payer votre source de trafic Internet uniquement si vous avez obtenu des résultats, c'est-à-dire uniquement si le client a acheté votre produit.

S'il n'a rien acheté, vous ne payez absolument rien, tout en recevant en permanence du trafic de grande qualité, et souvent de bien meilleure qualité que ce que vous pouvez obtenir avec la publicité payante.

Ainsi, le système de base que vous allez mettre en place va dans un premier temps vous permettre d'acheter des clients gratuitement, et ainsi de vous bâtir une liste de clients très qualifiés sans sortir un seul euro de votre poche.

En revanche, vous n'allez pas gagner d'argent avec cette première étape.

Vous aurez simplement construit une liste de clients très qualifiés gratuitement que vous pourrez bien entendu redémarcher par la suite.

Une telle liste de clients vaut déjà tout l'or du monde pour vous construire un business lucratif et stable à long terme.

Mais vous allez aller beaucoup plus loin avec ce système, et dans une deuxième étape, vous allez voir comment enrichir ce système de base pour gagner de l'argent et décupler vos revenus.

Ainsi, vous allez par ce système non seulement acheter des clients gratuitement et vous bâtir sans aucun frais une liste de clients qualifiés, mais aussi gagner de l'argent et générer des bénéfices instantanément.

Vous serez donc gagnant sur tous les tableaux.

Cette formation va vous guider en pas-à-pas pour installer très simplement ce système révolutionnaire et que 99% des gens ignorent.

Il se compose de deux modules dont voici le contenu :

Module #1
Ce premier module va vous expliquer le principe de cette technique incroyable et vous expliquer pourquoi elle fonctionne du tonnerre.

A la fin de ce module, vous aurez déjà mis en place le système de base qui vous permettra d'acheter des clients gratuits et de construire votre liste de clients sans dépenser le moindre centime.

Module #2
Ce deuxième module va enrichir le système de base pour vous permettre en plus de gagner de l'argent et générer des bénéfices immédiatement.

Ainsi, à la fin de cette formation, vous aurez mis en place un système totalement autonome, qui construit votre liste de clients qualifiés et en plus vous rapporte de l'argent et vous fait engranger les bénéfices.

La magie de ce système est que vous pourrez également le reproduire dans votre marché de niche pour avoir encore plus de trafic, ou le reproduire dans n'importe quelle autre niche dans laquelle vous souhaiteriez vous lancer.

Sans plus tarder, commençons avec le premier module en page suivante.

MODULE #1: PRINCIPE DU SYSTÈME D'ACHAT DE CLIENTS GRATUITS ET POURQUOI IL FONCTIONNE DU TONNERRE.

Vous allez voir dans ce premier module quel est le principe de cette technique redoutable et pourquoi elle fonctionne du tonnerre.

A la fin de ce module, vous aurez mis en place le système de base de cette technique.

Vous serez en mesure d'acheter des clients gratuitement et de construire votre liste de clients hyper qualifiés.

A ce stade, vous ne gagnerez pas encore d'argent avec ce système.

Vous réaliserez simplement une opération blanche en bâtissant votre liste de clients sans dépenser le moindre euro.

Vous obtiendrez ainsi le genre de liste qu'énormément de marketeurs aimeraient obtenir.

En effet, il ne s'agira pas d'une simple liste de prospects qui n'ont rien acheté chez vous.

Il s'agira d'une liste de clients, et de clients qui sont hyper qualifiés et qui ont un très fort intérêt à acheter et racheter des produits de votre marché de niche.

Cette liste vaudra alors tout l'or du monde, car une personne qui a déjà acheté est dix fois plus susceptible d'acheter à nouveau qu'une personne qui n'a jamais acheté chez vous.

Vous pourrez alors facilement redémarrer ces clients par la suite avec ce trésor de guerre, et leur vendre facilement d'autres produits.

Vous n'aurez à la rigueur plus besoin d'une quelconque autre source de trafic web, puisque vous aurez déjà votre audience de clients, qui est le genre d'audience que bien des marketeurs mettent des années à construire, alors que vous allez bâtir cette liste de clients en un temps record.

Vous verrez ensuite dans le deuxième module comment enrichir le système de base du premier module pour en plus gagner de l'argent immédiatement.

Découvrez maintenant en page suivante le principe de la technique d'achat de clients gratuits.

I.1- Le principe de la technique d'achat de clients gratuits.

Ce qu'il faut d'abord savoir c'est que cette technique va peut-être vous apporter moins de trafic en nombre de visiteurs que des techniques de génération massive de visiteurs, mais que ce trafic va être d'une très grande qualité.

Vous allez obtenir du trafic Internet sur votre site composé de visiteurs hyper qualifiés et très intéressés par votre marché de niche et par les produits que vous proposez.

En ce sens, une très grande partie des visiteurs que vous allez avoir grâce à cette technique va se transformer en clients et va être inscrit sur votre mailing list de clients.

Il est en effet beaucoup plus efficace pour votre business d'avoir 500, 1000 ou 2000 visiteurs qui se transforment aussitôt en clients sans que ça ne vous coûte le moindre euro, plutôt que de payer très cher pour avoir 20000 ou 50000 visiteurs non ciblés et qui n'achèteront jamais rien.

C'est d'ailleurs le problème d'un grand nombre de services douteux qui vous promettent des dizaines de milliers de visiteurs.

Bien souvent, ces genres de visiteurs ne sont pas du tout qualifiés. Ils ne parlent pas forcément votre langue et viennent souvent de pays en développement payés au nombre de clics réalisés.

N'espérez donc pas obtenir quoi que ce soit avec ce genre de trafic de basse qualité.

Ce n'est donc pas du tout le cas avec cette technique qui va vous apporter des visiteurs extrêmement qualifiés dont une grande partie vont devenir vos clients.

Vous allez donc vous constituer très rapidement et totalement gratuitement une mailing list de clients qui vaut tout l'or du monde pour votre business, et que beaucoup de marketeurs mettent souvent des années à obtenir.

Comme on l'a évoqué dans l'introduction, avoir une mailing list de clients vaut facilement dix fois plus qu'avoir une simple liste de prospects.

En effet, un client est dix fois plus susceptible de racheter chez vous à nouveau qu'un prospect qui n'a jamais acheté, même si ce client n'a fait un achat que de quatre ou cinq euros.

Ce n'est pas le montant de l'achat qui compte, mais l'acte d'engagement et le fait que cela permet au client de vérifier la fiabilité de votre site web et donc de vous faire confiance pour des achats futurs.

D'ailleurs, vous pouvez le constater si vous avez déjà un business qui tourne et que vous segmentez vos listes en ayant par exemple une liste de prospects qui se sont inscrits en téléchargeant un cadeau gratuit, et une liste de clients qui ont effectué un achat, même de quelques euros.

Lorsque vous envoyez un même mailing pour vendre un produit à votre liste de prospects et à votre liste de clients, vous pouvez bien souvent constater qu'au moins dix fois plus de personnes de votre mailing list de clients vont acheter votre produit par rapport à votre liste de prospects.

Maintenant que vous avez compris l'importance d'avoir du trafic qualifié plutôt que d'avoir beaucoup de trafic de basse qualité, et que vous avez compris l'importance d'avoir une liste de clients plutôt qu'une liste de prospects, voici le principe de la technique de l'achat de clients gratuits.

On parle de clients gratuits car cette technique ne va rien vous coûter pour obtenir des clients et construire votre liste de clients.

En effet, contrairement à la publicité où vous dépensez 100 euros sans être sûr de récupérer ces 100 euros en ventes, vous allez ici ne payer que pour les visiteurs qui se seront transformés en clients et pas pour les autres.

Cette méthode permet ainsi de totalement annuler le risque de perdre le moindre centime en publicité, et beaucoup de personnes ne peuvent pas se permettre de perdre 500 ou 1000 euros en publicité sans savoir s'ils vont ensuite rentrer dans leurs frais.

Vous n'avez donc aucun risque financier à prendre ici, et tout le bénéfice est pour vous puisque vous construisez gratuitement une liste de clients que vous pourrez ensuite démarcher et qui vous appartiendra.

Ce qu'il faut savoir est que cette première étape de mise en place de ce système, si elle ne vous fera pas perdre d'argent, ne vous en fera pas gagner non plus.

La seule chose que vous obtiendrez sera cette liste extrêmement précieuse de clients, mais pas d'argent à ce stade (vous verrez dans le deuxième module comment enrichir ce système de base pour en plus gagner de l'argent immédiatement).

Il s'agira donc d'une opération blanche, car les clients vont dépenser exactement la même somme chez vous que ce que vous allez ensuite payer pour avoir obtenu ces clients.

Secret de la technique.

Le secret de la technique consiste à monter un programme d'affiliation dans lequel vous allez reverser 100% de vos ventes à vos affiliés.

Vous allez par exemple proposer un de vos produits ou créer un produit que vous allez proposer en affiliation en donnant la totalité des bénéfices à vos affiliés, sans vous faire d'argent dessus.

Par exemple, vous pouvez facilement créer cette offre d'affiliation avec un de vos produits que vous ne vendez plus.

Vous pouvez également facilement créer un nouveau produit tel qu'un livre électronique, une formation audio ou vidéo ou encore un plugin ou un script qui ne vous coûtera rien à la fabrication.

Cette formation n'a pas pour but de vous expliquer comment créer un produit, mais vous pouvez facilement enregistrer une formation audio ou vidéo d'une heure composée par exemple de quatre modules de 15 minutes chacun, et qui solutionne un problème qu'ont les gens dans votre marché.

En moins de deux heures vous pouvez avoir votre produit prêt, et au maximum en un week-end si vous débutez et que vous n'en avez jamais créé auparavant.

Cela dit, si vous découvrez cette formation, c'est que vous avez déjà une certaine expérience technique et que vous avez déjà certainement un site web et des produits à vendre.

Par ailleurs, votre produit peut être très simple et rapide à réaliser car vous pouvez très bien le vendre 7, 10 ou 20 euros. Vous n'avez pas besoin de faire quelque chose d'élaboré et de le vendre 97 ou 147 euros.

Rappelez-vous qu'un client est dix fois plus susceptible de racheter qu'un prospect, peu importe si son premier achat est de quelques euros.

L'astuce ici réside donc dans le fait de proposer une affiliation à 100%, c'est-à-dire sans rien gagner sur le produit qui sera vendu (vous verrez dans le deuxième module comment gagner tout de même de l'argent).

Cependant, ce système de base va vous permettre de ne rien dépenser et surtout d'avoir davantage de sécurité que quelqu'un qui dépense de l'argent en publicité.

Au lieu d'acheter de la publicité et de risquer de perdre de l'argent, vous faites des ventes qui s'auto payent pour elles-mêmes, c'est-à-dire que vous auto-payez vos visiteurs et vos clients.

Ainsi, vous n'avez pas besoin de payer pour les visiteurs qui n'achètent pas, ce qui est la révolution et qui fait toute la magie de cette technique.

Vous allez maintenant voir dans la partie suivante pourquoi cette technique fonctionne si bien et fait un véritable carton pour celui qui la connaît.

I.2- Pourquoi cette technique fait un carton pour celui qui la connaît.

Ce qu'il faut savoir et qui explique pourquoi cette technique fonctionne du tonnerre lorsqu'on la connaît et qu'on l'utilise, c'est que si vous proposez une affiliation à 100%, vous serez certainement l'un des seuls de votre thématique à le faire.

En effet et contrairement à vous, la grande majorité des marketeurs ne verra pas l'intérêt de proposer un produit en affiliation sans pouvoir faire de bénéfices dessus.

Ce qui va alors se passer est que vous allez créer un mini-buzz dans votre thématique, car un produit d'affiliation avec 100% des ventes reversées aux affiliés, ce n'est pas courant du tout.

Ainsi, vous allez avoir un grand nombre d'affiliés qui font actuellement la promotion de produits où ils récoltent 20, 30 ou 40% de commissions qui vont laisser tomber ces produits pour tester le vôtre qui leur offre 100% de commissions.

Par ailleurs, il faut que vous soyez au courant du phénomène étrange suivant et qui a été prouvé par de nombreux tests et dans de nombreuses thématiques :

Il y a une grande majorité de gens qui préfèrent faire la promotion d'un produit qui coûte 7, 10 ou 20 euros en ayant une commission d'affilié de 100%, plutôt que de faire la promotion d'un produit qui coûte 100 euros en ayant une commission de 40 ou 50%.

Cela peu paraître étrange puisque le montant gagné est moindre en vendant un produit à faible coût, mais c'est une réalité que très peu de marketeurs connaissent.

La raison est que la plupart des gens ne regardent que le pourcentage de commission qu'ils vont avoir.

Ils préfèrent largement avoir toute la commission d'un produit pour eux plutôt que de se dire que le créateur du produit va gagner 50% du prix du produit avec le fruit de leurs efforts.

C'est donc aussi pour ça que vous n'avez pas forcément besoin de proposer un produit cher et de passer beaucoup de temps à l'élaborer.

Maintenant que vous savez pourquoi cette technique fonctionne si bien, il va falloir expliquer à vos affiliés la raison pour laquelle vous proposez une affiliation à 100%.

Si vous n'expliquez rien, cela risque d'être trop beau pour être vrai et d'être suspect.

La meilleure chose à faire est tout simplement d'expliquer la raison de votre affiliation à 100% honnêtement sur la page qui présente l'affiliation.

Vous allez dire à vos affiliés que cela vous permet de constituer une liste de clients, et que vous utilisez ensuite cette liste pour leur envoyer des mailings et leur vendre d'autres produits.

Bien entendu, les affiliés ne gagnent rien sur les autres produits que vous allez ensuite vendre aux clients de votre mailing list et tout le bénéfice sera pour vous (ce qui est le cas dans la plupart des affiliations).

Ceci termine ce premier module.

Vous avez maintenant compris le principe de la technique de l'achat de clients gratuits et vous avez compris pourquoi cette technique fonctionne si bien et va faire un mini-buzz dans votre thématique.

A ce stade, vous avez donc mis en place votre système de base d'affiliation avec une page de vente et un produit que vous proposez avec une affiliation à 100%.

Vous allez ainsi pouvoir construire votre mailing list de clients sans prendre aucun risque contrairement à la publicité, et sans dépenser le moindre centime.

Vous réalisez donc ici une opération blanche qui ne vous fait pas perdre d'argent, mais qui ne vous en fait pas gagner non plus.

Vous avez simplement réussi à construire cette liste de clients qui est peut-être la chose la plus précieuse que vous puissiez avoir.

Comme on l'a vu, un client est dix fois plus susceptible d'acheter qu'un prospect, et vous n'aurez plus besoin grâce à cette liste d'avoir d'autre trafic web.

A chaque fois que vous aurez un produit, il vous suffira d'envoyer une série de trois ou quatre mailings à cette liste pour générer des ventes sur commande avec un taux de conversion record.

Vous allez maintenant aller plus loin dans le deuxième module, et voir comment enrichir ce système de base pour en plus pouvoir gagner de l'argent immédiatement.

MODULE #2: CRÉEZ UN TUNNEL DE VENTE POUR GAGNER DE L'ARGENT ET DÉCUPLER VOS REVENUS INSTANTANÉMENT.

Vous allez voir dans ce deuxième module comment enrichir le système de base du premier module pour gagner de l'argent immédiatement, en plus de simplement bâtir gratuitement votre liste de clients.

Vous allez dans une première partie voir le détail du tunnel de vente complet.

Dans une deuxième partie, vous allez voir la structure à adopter pour créer votre page sandwich.

Dans une troisième partie, vous allez voir la structure à adopter pour créer votre page de remerciement.

Ces deux pages additionnelles font partie intégrante de votre tunnel de vente, et c'est grâce à elles que vous allez pouvoir gagner de l'argent immédiatement, tout en construisant votre liste de clients.

II.1- Détail du tunnel de vente pour gagner de l'argent et décupler vos revenus immédiatement.

Voici un schéma pour visualiser simplement le tunnel de vente complet de votre système :

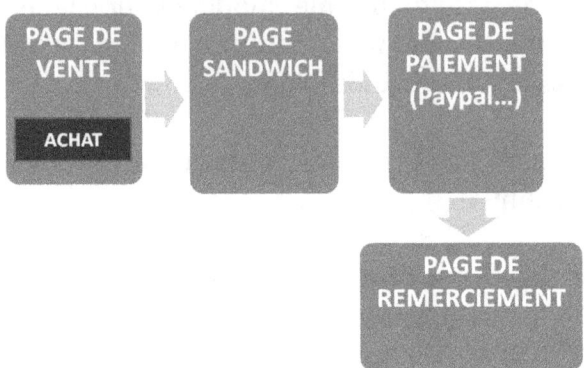

Votre système de base du premier module est composé de la page de vente avec un bouton "achat" et de la page de paiement.

Comme on l'a vu, ce système de base vous permet simplement d'acheter des clients gratuitement et de construire votre mailing list de clients.

En revanche, bien qu'il ne vous coûte absolument rien, il ne vous permet pas non plus de gagner de l'argent directement.

C'est pourquoi vous allez enrichir dans ce deuxième module votre système de base avec deux nouvelles pages que vous pouvez voir sur le schéma : la page sandwich et la page de remerciement.

Ces deux pages vont vous permettre de gagner de l'argent et faire des bénéfices immédiats.

Voici le déroulement du processus pour comprendre le fonctionnement de ce tunnel de vente.

Le visiteur arrive tout d'abord sur votre page de vente et clique sur le bouton "achat" pour acheter votre produit que vous proposez avec une affiliation à 100%, c'est-à-dire que vos affiliés touchent 100% du prix du produit en commission.

Le visiteur est ensuite dirigé juste après sur une page sandwich qui va lui proposer d'ajouter un produit ou une formation complémentaire à son panier, sur laquelle vos affiliés ne vont rien toucher et où tous les bénéfices seront pour vous.

Ensuite, le visiteur arrive sur la page de paiement (par exemple Paypal, 2Checkout, etc.) sur laquelle il effectue le paiement soit du premier produit, soit des deux produits s'il a ajouté le produit complémentaire de votre page sandwich.

Puis, le visiteur est ensuite dirigé sur une page de remerciement sur laquelle vous allez lui présenter une autre offre, sur laquelle vos affiliés ne toucheront bien évidemment rien non plus et où tout le bénéfice sera pour vous.

Vous avez alors votre système complet qui enrichi votre système de base de deux pages additionnelles qui vont vous permettre, en plus d'acheter des clients gratuitement, de gagner de l'argent et décupler vos revenus immédiatement par cette même opération.

Ce qu'il faut savoir, c'est qu'entre ces deux pages additionnelles que sont la page sandwich et la page de remerciement, la page sandwich va avoir tendance à vendre beaucoup mieux.

En effet, une page avant paiement vend en général beaucoup mieux qu'une page après paiement, comme c'est le cas avec la page sandwich qui intervient avant le paiement et la page de remerciement qui intervient après.

Aussi, si vous ne souhaitez mettre qu'une de ces pages additionnelles, privilégiez la page sandwich qui vous apportera beaucoup plus de résultats en termes de ventes.

Maintenant que vous avez compris le fonctionnement du tunnel de vente du système complet, vous allez voir comment créer la structure des deux pages additionnelles.

Vous allez d'abord voir comment créer la structure d'une page sandwich, puis comment créer la structure d'une page de remerciement.

II.2- Comment créer la structure de votre page sandwich pour gagner de l'argent et vendre plus.

Vous allez pouvoir faire cette page sandwich soit en vidéo soit en texte, selon le format avec lequel vous êtes le plus à l'aise.

Vous allez sur cette page sandwich proposer aux visiteurs d'ajouter un produit qui va être complémentaire au produit d'affiliation qu'ils ont décidé d'acheter sur la page de vente.

Vous pouvez par exemple leur dire :

"Voulez-vous ajouter aussi ce produit à votre panier ?"

Il est très important de proposer un produit qui soit complémentaire au produit d'affiliation de la page de vente, et surtout pas un produit concurrent.

Par exemple, si votre produit d'affiliation est un outil (plugin, script, application, etc.), vous pouvez vendre dans votre page sandwich une formation qui explique comment utiliser l'outil efficacement.

Si votre produit d'affiliation est une formation sous forme vidéo, audio ou sous forme de livre électronique, vous pouvez leur proposer un outil ou une formation complémentaire.

Si par exemple votre produit d'affiliation est une formation de musculation pour obtenir des abdominaux en acier, vous pouvez ensuite sur votre page sandwich proposer à vos visiteurs une formation complémentaire expliquant comment bien manger pour développer plus vite ses abdominaux, ou une formation complémentaire expliquant comment obtenir des biceps en titane.

Par ailleurs, veillez à ne surtout pas proposer un produit concurrent.

Vous voulez vendre plus et ne voulez certainement pas créer de dilemme d'achat, qui peut aboutir à ce que le visiteur n'achète finalement rien du tout.

Une fois que vous aurez proposé ce produit complémentaire, vous allez ensuite faire ressortir sur cette page sandwich un avantage en argent.

Vous allez leur montrer clairement combien d'argent ils économisent s'ils décident de rajouter ce produit complémentaire tout de suite, en comparaison au prix plein tarif qu'ils devraient payer pour acheter ce produit complémentaire séparément.

Si votre produit complémentaire coûte séparément 97 euros, vous allez par exemple le proposer à 47 euros sur votre page sandwich en montrant que le visiteur économise 50 euros, ou plus de 50% du prix total s'il l'ajoute tout de suite à son panier.

Enfin, pour terminer la structure de votre page sandwich, vous allez leur offrir un bonus.

Un bonus n'est rien d'autre qu'un cadeau gratuit que vous offrez à vos visiteurs en plus.

Plus ce bonus a de la valeur, et plus vous augmenterez la valeur perçue totale de l'offre que vous faites sur cette page sandwich, et donc plus vous augmenterez l'intérêt qu'ont les visiteurs pour rajouter cette offre à leur panier.

Si vous appliquez cette structure pour réaliser votre page sandwich, vous allez obtenir des taux de conversion record.

Voyons voir maintenant la structure à adopter pour créer votre page de remerciement.

II.3- Comment créer la structure de votre page de remerciement pour gagner de l'argent et vendre plus.

Vous allez maintenant voir la structure à adopter pour créer votre page de remerciement afin de gagner de l'argent et vendre plus.

La page de remerciement est la page sur laquelle est dirigé le visiteur immédiatement après avoir effectué le paiement.

La structure de votre page de remerciement va se composer en 4 étapes, qui vont être détaillées dans les pages suivantes.

Etape 1.

La première chose à mettre sur votre page de remerciement est de remercier le visiteur de son achat.

Il suffit simplement de mettre un message du style :

"Merci de votre achat."

Etape 2.

La deuxième étape de votre page de remerciement consiste à expliquer en deux ou trois phrases pourquoi le visiteur a fait le bon choix.

Vous allez insister sur le fait que grâce à son achat, il fait maintenant parti d'une minorité de gens qui ont le bon outil ou la bonne formation pour obtenir tel et tel résultat, ou pour résoudre tel et tel problème.

Etape 3.

La troisième étape consiste à annuler le remord après achat que peuvent avoir certaines personnes qui viennent d'acheter un produit.

Vous allez pour ça leur revendre en quelque sorte le produit qu'ils viennent d'acheter en leur rappelant les résultats incroyables qu'ils vont obtenir et à quel point ce produit va leur changer la vie.

De cette manière, les personnes qui viennent d'acheter ne vont pas regretter leur achat car vous allez leur rappeler les résultats qu'ils vont obtenir de manière à ce qu'elles soient contentes d'avoir acheté le produit.

En effet, la dernière chose que vous voulez est que les gens aient des remords à avoir acheté votre produit, surtout si vous voulez leur vendre un autre produit dans votre page de remerciement.

En appliquant la stratégie de cette troisième étape, vous allez totalement annuler le remord après achat qui fait souvent perdre de nombreuses ventes à beaucoup de marketeurs qui ignorent ce sentiment qu'éprouvent les acheteurs, et qui du coup ne mettent en place aucune action correctrice.

Etape 4.

Maintenant que vous avez bien préparé le terrain et mis le client en état de réceptivité maximale grâce aux trois étapes précédentes, vous allez introduire le nouveau produit que vous allez lui vendre.

Le produit ici doit être soit un outil soit une formation qui résout les nouveaux problèmes qui s'ouvrent à votre client une fois qu'il aura utilisé le produit ou suivi la formation qu'il vient d'acheter.

Par exemple, si votre produit d'affiliation est une formation qui apprend comment composer et enregistrer sa première chanson en 24 heures, vous pouvez ensuite sur votre page de remerciement lui proposer une formation expliquant comment vendre sa chanson sur Internet ou comment trouver une maison de disques qui va la diffuser.

En effet, une fois que le client aura enregistré sa première chanson, il aura alors ce nouveau problème qui va s'ouvrir, à savoir comment commercialiser et faire la promotion de cette chanson.

Lui proposer une formation pour résoudre ce nouveau problème est alors une excellente stratégie qui sera bien plus payante que de proposer quelque chose qui n'a rien à voir.

Maintenant que vous savez quel type de produit proposer dans votre page de remerciement, voici la manière dont vous pouvez l'introduire en disant par exemple :

"Voilà de quoi vous allez avoir besoin une fois que vous aurez obtenu les résultats que va vous donner le produit que vous venez d'acheter."

Si le produit que le client vient d'acheter est votre formation pour apprendre à composer et enregistrer sa première chanson en 24 heures, vous pouvez dire par exemple :

"Une fois que vous aurez composé et enregistré votre première chanson d'ici 24 heures, la prochaine chose dont vous aurez besoin sera de savoir comment commercialiser cette chanson et comment trouver une maison de disques."

Une fois que vous aurez mis en évidence le nouveau problème qu'ils devront résoudre et créé le besoin pour acheter votre nouveau produit, vous pouvez en plus rajouter une forte réduction sur ce produit pour rendre votre offre irrésistible.

Vous pouvez par exemple dire :

"Si vous achetez ma formation sur comment trouver une maison de disques tout de suite, alors vous pouvez immédiatement bénéficier d'une réduction de X euros ou de X pourcents.

Mais attention, profitez de cette offre tout de suite car elle ne sera pas représentée et elle vous est présentée seulement une seule fois sur cette page, pour vous remercier de votre achat."

Vous pouvez ensuite faire suivre votre offre de deux boutons.

Un premier bouton pour accepter, sur lequel vous écrirez par exemple quelque chose du style :

"Oui, je profite de mon droit."

Puis un deuxième bouton juste en dessous, sur lequel vous écrirez par exemple :

"Non merci, je veux juste télécharger ce que je viens d'acheter."

En faisant une page de remerciement avec cette structure en 4 étapes, vous vous assurez d'obtenir des taux de conversion optimaux, même s'ils demeureront généralement moins élevés que ceux de la page sandwich, comme nous l'avons évoqué.

Ceci termine ce deuxième module.

En partant du système de base qui vous permet d'acheter des clients gratuits et de bâtir une liste de clients sans dépenser le moindre centime, vous avez dans ce deuxième module enrichi ce système de base pour en plus gagner de l'argent immédiatement.

En effet, le système de base, s'il a l'énorme avantage de ne pas vous faire perdre d'argent contrairement à la publicité, ne vous permet pas non plus d'en gagner.

Il vous permet uniquement de bâtir cette liste de clients de manière totalement gratuite, ce qui vaut déjà tout l'or du monde.

Ce deuxième module vous a ainsi permis d'insérer deux autres pages pour créer un tunnel de vente complet qui vous permet de tirer des bénéfices financiers immédiats.

Après avoir vu dans une première partie le principe de fonctionnement de ce tunnel de vente, vous avez vu comment mettre en place la structure de chacune de ces deux pages supplémentaires pour en tirer un maximum de profit.

La première de ces deux pages est la page sandwich qui se trouve juste après la page de vente du produit que vous proposez avec une affiliation de 100%.

La deuxième de ces deux pages est la page de remerciement qui se trouve juste après le paiement qu'a effectué le client.

Vous pouvez ainsi décupler vos ventes au sein de ce même système, et profiter des bénéfices de ces ventes en totalité car vous n'avez besoin de rien reverser aux affiliés.

Vous avez ainsi terminé la mise en place d'un système redoutable et révolutionnaire qui vous permet non seulement d'acheter des clients gratuits, mais aussi de gagner de l'argent pour décupler vos ventes.

Il reste à conclure cette formation en page suivante.

CONCLUSION.

Ceci termine cette formation sur cette technique de trafic web extrême concernant l'achat de clients gratuits.

Dans un premier module, vous avez découvert le principe révolutionnaire de la technique d'achat de clients gratuits et vous avez compris pourquoi cette technique très peu connue fonctionne du tonnerre.

Le premier module vous a permis de mettre en place un système de base qui vous permet de bâtir votre liste de clients gratuitement.

Au contraire de la publicité pour laquelle vous devez payer pour avoir des visiteurs sans savoir si vous ferez assez de ventes pour en couvrir les frais, ce système fonctionne totalement à l'inverse.

Le côté révolutionnaire et sa magie réside dans le fait que vous ne payez pour les visiteurs obtenus que si ces visiteurs achètent chez vous.

Ce système vous permet donc de bâtir une liste de clients sans devoir dépenser le moindre centime.

Par ailleurs, cette liste est votre meilleure garantie pour vous assurer un business solide et stable sur le long terme.

Elle n'est composée que de personnes très qualifiées et elle ne contient que des clients.

Or, comme vous le savez, une liste de clients vaut au moins dix fois une liste de prospects, car un client est dix fois plus susceptible de racheter qu'un prospect qui n'a jamais acheté chez vous.

Vous avez donc très rapidement obtenu le type de liste que bien des marketeurs aimeraient avoir et qu'ils mettent souvent plusieurs années à obtenir, et ce système vous a permis d'aller bien plus vite que tout le monde.

Cela dit, le système de base, même s'il vous permet de créer cette liste de clients extrêmement précieuse sans aucun frais, ne vous permet pas non plus de gagner de l'argent.

C'est la raison pour laquelle le deuxième module vous a permis d'enrichir ce système de base afin de pouvoir en plus de gagner de l'argent immédiatement.

Vous avez vu le principe du nouveau tunnel de vente complet que vous avez réalisé, en rajoutant deux pages à votre système de base :

- La page sandwich qui intervient juste après la page de vente de votre produit d'affiliation.

- La page de remerciement qui intervient juste après l'achat.

Vous avez vu la structure exacte à adopter pour créer chacune de ces deux pages afin de maximiser vos résultats en termes de conversion.

Au final, vous vous retrouvez avec un système redoutable qui vous permet non seulement d'acheter des clients gratuits et bâtir une liste de client sans aucun frais, mais aussi de gagner directement de l'argent avec ce système et décupler vos revenus.

Vous êtes donc gagnant sur tous les tableaux, et vous évitez les centaines ou milliers d'euros que beaucoup de marketeurs dépensent en publicité Google, Bing, Facebook ou autre, sans avoir de retour sur investissement.

Par ailleurs, grâce à votre liste, vous pourrez démarcher vos clients à chaque fois que vous avez un nouveau produit.

Simplement en envoyant une petite séquence de trois ou quatre emails, vous pourrez alors réaliser des ventes avec un taux record et avoir une rentrée d'argent sur commande, car vous aurez la liste la plus qualifiée qu'il est possible d'avoir, comme on l'a démontré.

Cette liste prendra soin de vous aussi longtemps que vous resterez dans votre business.

Bien entendu, vous pourrez encore enrichir et augmenter cette liste en créant de nouveaux systèmes similaires dans votre thématique, maintenant que vous possédez la formule.

Vous pourrez aussi tout-à-fait créer ce genre de système dans n'importe quel autre marché, et ainsi vous assurer une diversification et de multiples canaux de rentrées d'argent.

En créant des systèmes comme ça régulièrement, vous pourrez très rapidement vous créer des listes de plusieurs milliers de clients, et générer des ventes au delà de vos espérances par l'addition de vos diverses sources de revenus.

Je vous souhaite donc une pleine réussite et un succès retentissant avec la technique incroyable de l'achat de clients gratuits et vous retrouve j'espère bientôt pour une nouvelle formation.

A PROPOS DE L'AUTEUR.

Rémy Roulier est un ancien ingénieur informatique et responsable marketing dans une multinationale.

Il est aujourd'hui auteur best-seller, digital nomad et voyage partout dans le monde, ayant acquis depuis plus de dix ans une véritable expertise dans le marketing internet et le développement personnel.

Il partage aujourd'hui ses outils et son expérience pour permettre aux autres d'atteindre également leur indépendance financière et de façonner leur vie telle qu'ils la désirent vraiment.

CRÉATIONS DU MÊME AUTEUR.

Retrouvez mes nombreuses créations directement sur Amazon.

En voici aussi quelques-unes qui peuvent vous servir :

TRAFIC WEB EXTRÊME EN INFILTRANT LES FORUMS:
COMMENT MANIPULER LES FORUMS ET GROUPES FACEBOOK POUR OBTENIR DES MILLIERS DE VISITEURS GRATUITEMENT SUR VOTRE BLOG SANS SPAM NI PROMOTION.
Découvrez ici la manière la plus efficace d'utiliser les forums et groupes Facebook pour obtenir des tonnes de trafic ciblé sur votre site gratuitement, sans faire de spam ni passer pour un commercial.

TRAFIC WEB EXTRÊME AVEC LES ANNONCES EXPLOSIVES:
30 MINUTES POUR FAIRE LE BUZZ DANS VOTRE THEMATIQUE SUR LES BLOGS, FORUMS, RESEAUX SOCIAUX FACEBOOK, TWITTER ET FAIRE EXPLOSER VOTRE TRAFIC INTERNET.
Découvrez comment vous pouvez créer un véritable buzz dans votre thématique et obtenir des milliers de visiteurs ciblés en fabriquant une annonce explosive en seulement 30 minutes chrono. Jamais une technique n'aura généré autant de trafic ciblé aussi rapidement et gratuitement.

TRAFIC WEB EXTRÊME AVEC LE PARASITAGE DE PRODUIT:
VOLEZ LEGALEMENT DES MILLIERS DE VISITEURS PAR SEMAINE A VOS
CONCURRENTS FACILEMENT, INSTANTANEMENT, ET GRATUITEMENT ET
TRANSFORMEZ-LES EN CLIENTS.

Cette technique de la série "trafic web extrême" va vous permettre d'obtenir chaque semaine des milliers de visiteurs ciblés en les volant légalement à vos concurrents. Vous allez également pouvoir faire exploser votre mailing list et décupler vos ventes en transformant facilement ces visiteurs en clients, sans dépenser le moindre centime en publicité.

DEVENIR RICHE EN 42 JOURS:
LA METHODE PAS-A-PAS POUR.GAGNER DE L'ARGENT SUR INTERNET ET
VIVRE SES REVES EN PARTANT DE RIEN.

Une méthode prouvée qui vous guide pas-à-pas et vous permet d'atteindre votre indépendance financière en 42 jours grâce à Internet, même si vous démarrez actuellement de rien. Un must à ne pas manquer.

www.ingramcontent.com/pod-product-compliance
Lightning Source LLC
Chambersburg PA
CBHW061233180526
45170CB00003B/1278